AF599816

GRAFFITI

POESÍA

HUERGA & FIERRO EDITORES

HUERGA Y FIERRO EDITORES, S. L. U.
C/ SEBASTIÁN HERRERA, 9
28012 MADRID (ESPAÑA)
TELÉFONO: 91 467 63 61
E. MAIL: huerga@huergayfierro.com
WEB: www.huergayfierro.com

PRIMERA EDICIÓN
2025

DISEÑO DE ÁNGEL LUIS VIGARAY

DEPÓSITO LEGAL: M-17990-2025 — I. S. B. N: 979-13-990526-5-7
IMPRESO EN ROMADAC Industria del Libro.
IMPRESO EN ESPAÑA

MAÑANA
NO NOS ACORDAREMOS
DE NOSOTROS

Christian Encarnación

MAÑANA NO NOS ACORDAREMOS DE NOSOTROS

CHRISTIAN ENCARNACIÓN

Prólogo
MARISA MARTÍNEZ PÉRSICO

GRAFFITI

HUERGA & FIERRO EDITORES

PRÓLOGO

DE LA *RÊVERIE* AL (NEO)SURREALISMO TROPICAL

En este libro se celebran los sueños —actos de dormir y de fantasear a la vez— como posibilidad de vaciar la memoria consciente y de permitir el acceso al conocimiento más auténtico. Sus personajes poéticos suelen vivir en un estado de transición entre el sueño y el despertar: "Estoy anudado a la carencia", "Varias veces me despierto/ con la sensación de que me han quitado/ algo en el sueño". Se trata de un estado de rêverie, *aquello que la psicología evolutiva reconoce como forma de facilitar el desarrollo del niño-sujeto, el movimiento continuo del infante hacia la constitución de su subjetividad. Para el poeta, es una condición de clarividencia e iluminación: "Al despertar del sueño que se agitaba como una veleta ante un huracán" (...) "Abres los ojos procesas el arrebato (...) ignorabas que las cosas comenzaban a acabarse desde adentro y que lo acabado podía seguir haciéndose una hoguera interminable encendida en el frágil reino de la memoria". No sorprende la retahíla de imágenes oníricas, que muchas veces se solapan con temas recurrentes en estas páginas, como* la maternidad, el nacimiento, el parto, la creación: *"un avión le hacía una cesárea al cielo"; "no hay nacimiento sin ruptura/ la ruina engendra"; "un poema se tejía en medio del traqueteo de una máquina de coser".*

La presencia de la madre como interlocutora, como espejo, como forma de contrapunto con la que compararse y de la que distinguirse aparece en uno de los poemas más logrados de esta entrega, "Nunca se pierde tanto como cuando se despierta": "Mi madre se lamenta porque ha perdido mil pesos/ mientras yo escribo un poema (...) y pienso en el último poema de Enrique Lihn/ que perdí en un sueño/ si supieras/ madre/ el despertar es la gran pérdida.

Por referencia especular a la madre, el yo lírico se identifica con el niño, tal vez el niño-poeta que Freud definía en "El poeta y los sueños diurnos": aquel que al jugar se conduce como un fabulador, creándose un mundo propio y situando las cosas de su mundo en un orden nuevo, más grato para él. Porque la antítesis del juego no es la gravedad, sino la realidad.

Otras dos características otorgan coherencia y cohesión a este libro. La primera es la presencia de títulos extensos, versículos que carecen de independencia respecto del cuerpo del poema. Como el sueño y la vida, ambos se comunican por un blanco pequeño, una elipsis espacial y temporal a la vez, una suerte de despertar. La segunda característica se relaciona con tono y escenarios: la recreación de un costumbrismo tropical, la búsqueda de universalidad en el localismo dominicano y la presencia de postales folclóricas e irónicas de Santo Domingo. Por ejemplo, "En mi barrio el apocalipsis ocurre todos los días/ no suenan siete trompetas ni las tocan una sinfonía celestial/ sino un tipo sudoroso en un camión decrépito/ anunciando que ya es hora de levantarse y arrastrar la pesadas bolsas/ dejando el esqueleto de los sueños en el camino".

Mañana no nos acordaremos de nosotros *es la constatación de un salto poético, para mí, notable, si pienso en la selección de poemas de Christian que publiqué en Italia en 2022, en el número 17 de la revista que dirigí durante diez años*, Cuadernos del Hipogrifo. *Creciente autoconciencia poética y capacidad de fabulación redoblada lo acercan a la aspiración de todo poeta (y de todo niño): edificar un mundo propio, colocar las cosas del mundo en un orden inédito.*

MARISA MARTÍNEZ PÉRSICO
Roma, mayo de 2025

A Kira Nöll, por recordarme
un idioma que tenía olvidado.

MAÑANA NO NOS ACORDAREMOS DE NOSOTROS

Y ese mañana que no llegaba nunca, llegó. Y era un muerto.
Y sin ese muerto, yo habría sido un muerto.

ANTONIO PORCHIA

Perdona tanto olvido, tú que
jamás serás nombrado ni dado
a conocer ni homenajeado.
Perdona tanto olvido y alégrate
porque el olvido de los hombres
lleva consigo el milagro
de los dioses.

NONUDRA

LO QUE SE PIERDE EN LOS SUEÑOS

CUANDO DE UNA ABERTURA EN MI FRENTE NACEN LOS DÍAS

Varias veces me despierto
con la sensación de que me han quitado
algo en el sueño
miro mis piernas y mis brazos
están ahí donde pertenecen
pero algo muy adentro
se ha desprendido
tanto tiempo
adormecido e indiferente
me ha hecho olvidar
y ahora crecen sobre mí
capas de óxido y hongos.
Mientras me alejo
voy dejando mis pedazos
en estos artefactos
que llaman poemas
son señales de auxilio
lo demás que puedan encontrar
es una mera coincidencia
un error en el código
404

* * *

Quédate con tu música
quédate con tus libros
y olvida la pasión de animal enfermo
no es algo
que quieras sentir
no salgas a quebrarte
con la hostilidad del mundo.

Estoy anudado
a la carencia
a la nostalgia ciega
que en las sombras
azota mi cuerpo
hasta no ser más que una imagen opaca
una réplica del organismo
que antes era.

La tentación
es una bala teledirigida
quería el sol
y ahora me quema las manos
mi espina dorsal
se cubre de cenizas
y una visión tenebrosa sella la noche.

AL DESPERTAR DEL SUEÑO QUE SE AGITABA COMO UNA VELETA ANTE UN HURACÁN

Abres los ojos
procesas el arrebato
que te saca del sueño
el alma despierta primero que el cuerpo
y en cada despertar se deja algo de esencia
pegada a las sábanas

3:43 a. m.
piel y horas mueren de igual manera

te sientas en la cama y evalúas
las consecuencias de tu nacimiento
y un método casi indoloro para trucar la vida
por si las cosas se ponen muy complicadas

tomas el celular y ves su foto
piensas en la catedral de sus ojos
(el segundo paraíso del que te han expulsado)
viene a ti esa noche
las risas
el sol crepitando en el pecho
y el helado derretido entre tus dedos pegajosos
y sus piernas también pegajosas por los besos
ignorabas que las cosas comenzaban a acabarse
desde adentro
y que lo acabado podía seguir haciéndose
una hoguera interminable
encendida en el frágil reino de la memoria.

ENTRE CALLES VACÍAS Y ESTOS MOMENTOS QUE YA NO SON MÍOS SE ALZABA UN SIGNO

Quién diría que a través de dos ceros podría verse el infinito
la ciudad se abre sobre nosotros igual que un cosmos
qué placer inmenso este de andar contigo
por las calles vacías de Santo Domingo
a esta hora donde solo nos acompaña la luna tímida
y las bombillas en hileras proyectan una luz que se inclina
como haciendo reverencia a nuestro paso
con tu sola presencia verdeas el desierto
en que pronto se convertirá todo lo que intentaré recrear
a través de símbolos torpes
una vez regreses a tu tierra
tendré que volver a mirar el paisaje negro
repleto de gárgolas
otra vez será sacudida por el mar violento
la imagen del paraíso difuminado.

NOIR

A Kira Nöll

Tú eres la extranjera
y sin embargo
soy yo quien se siente extraviado
en estas calles
no quiero caminar
al menos
no con mi cuerpo sin el tuyo

buscaré las calles que la gente suele evitar
y he de mantenerme lejos de esos lugares
donde nos abrazamos y besamos
mientras leíamos poemas
y la voz de Antonio Flores envolvía el aire
(él sí logró romper con el pasado
pero estos hechos no se deshacen)

no quiero caminar por aquí
temo encontrarte sin que estés
en esta ciudad en que agonizo

ojalá me atrape la noche y no el recuerdo
ojalá me asalte cualquier ladrón
y no el espectro de los lugares
en que ya no somos.

NUNCA SE PIERDE TANTO COMO CUANDO SE DESPIERTA

Mi madre se lamenta porque ha perdido mil pesos
mientras yo escribo un poema
que no este
y pienso en el último poema
de Enrique Lihn
que perdí en un sueño
si supieras
madre
el despertar es la gran pérdida.

NECESITO MÁS HORAS PARA ESCRIBIR PORQUE

En mi barrio
el apocalipsis ocurre todos los días
no suenan siete trompetas
ni las tocan una sinfonía celestial
sino un tipo sudoroso
en un camión decrépito
anunciando que ya es hora de levantarse
y arrastrar las pesadas bolsas
dejando el esqueleto de los sueños en el camino.

OBVIANDO LAS RECOMENDACIONES DEL DOCTOR TOMO EL PERIÓDICO Y LEO QUE

El día pasado es una garra
hundida en mi carne
hoy vi un documental
donde un águila
se aferraba a un conejo
y el conejo a la vida
y la vida a un enigma eterno

se suponía que debía
comenzar la mañana
con algo que me relajara
para así sobrevivir al mar
de rostros desdibujados
que me espera allá afuera.

NO PUEDO AGRADECER AL DESPERTAR SI

En Bagdad una explosión inaugura el día
es una mañana de corriente roja
el viento trae la herrumbre
Hassan el niño que jugaba fútbol en la plaza
no será más que una cifra
publicada en periódicos occidentales.
Mañana no nos acordaremos de nosotros.

SEGÚN EL PERIODISTA DE LAS NOTAS INTERNACIONALES

Al gobierno japonés le preocupa
la baja tasa de natalidad
detrás de los gigantescos kanjis
hay un país que se ahoga entre sus luces
y las risas alcoholizadas de niños sin futuro

puede que los nipones lo entendieran
a veces la evolución requiere detener la maquinaria.

UN ERMITAÑO EN BUSCA DE LA ILUMINACIÓN LE EXPLICABA A LA PARED LAS RAZONES DE SU AISLAMIENTO

Hay cambios que no avisan
de repente sientes el golpe
y sus líneas circulares
marcándose en tu rostro
la acumulación de fantasmas
que se tornan nubes ennegreciendo el cielo
y un día decides ya no salir
a ver al mundo quemarse otra vez
te abandonas a la lenta degradación
de un cuarto con olor a papel añejo
saboreas la renuncia
de un infiltrado en la tierra de los vivos
no deja de sonar el teléfono
se llena de mensajes y notificaciones
pero ignoras cualquier señal
proveniente de ese mundo al que ya no perteneces.

EL ESPEJO DEL MUNDO ES UN RÍO CONGELADO Y

Uno mira allá afuera y no quiere salir
a tropezarse con los glaciares
con los fragmentos de seres que persiguen
flores envenenadas
ha sido difícil levantarse hoy
el sueño supera al hombre
como a veces también lo hace su sombra
no sé qué sostengan estas palabras
quizás alguna búsqueda de salvación
algún rayo que rompa la coraza en la que yazgo.

MIENTRAS UN AVIÓN LE HACÍA UNA CESÁREA AL CIELO

Ayer con una pajilla
me bebí todas las nubes del parque
esperaba un milagro
soplé el cadáver de una mariposa
y salió volando
luego un vagabundo me habló
acerca del sueño y su escape
comprendí que dormir es un verbo evasivo.

ESCRIBÍA UNOS VERSOS QUE REPTABAN POR LA CAMA

Después de años siendo insomne
el único sueño que conservo
es el que me producen ciertos libros al leerlos.

MIENTRAS EL CIELO SE APAGABA
Y MI CABEZA SE HUNDÍA
EN UN CHARCO FLORIDO

Soñé un desierto tan vasto que no supe
cómo cupo en mi cabeza
usaba tus ojos para traspasarlo
y por momentos agua y arena se confundían
el desierto había olvidado que fue mar
que alguna vez en él rebosaba la vida
y de las dunas nacían algas y corales
colores y música azulada
y criaturas ajenas a nuestra biología

soñé un desierto en una cama
donde nunca estuviste
¿por qué me siento como si me la hubiera pasado en el mar
y estuvieras igual que las olas oscilando por todo mi cuerpo?

* * *

Me quité los zapatos para sentir la arena
y mis pies se quemaron
desnudar cualquier parte
para sentir
trae inevitablemente el dolor
tu boca nunca llegó
por más que escribí tu nombre
(que también era el mío
luego de haber compartido la sed y el agua)

hubiera pedido una gota de tus labios en el infierno
me habría salvado.

MI CASA ERA UNA BOMBILLA QUE LUCHABA POR NO APAGARSE

EN UNA HABITACIÓN AZULADA CON OLOR A LÁTEX

No hay nacimiento sin ruptura
la ruina engendra
se pasó de la oscuridad uterina
a una luz estéril y sofocante
mi casa era una bombilla luchaba por no apagarse
como si la tiniebla y la luz fueran
grillos chocando contra un cristal
unas manos desconocidas me sostenían
somos concebimos bajo la ceguera
ver era algo nuevo
una voz dijo que *era un niño*
y me alzó
desde entonces temo a las alturas
—ese anticipo de la caída—

no entendía las palabras
que luego tanto usaría
de momento el único lenguaje conocido
era el llanto.

LO DESCUBRÍ EN UNA VISITA GUIADA A MI BOSQUE INTERIOR

Entre los animales
me siento más yo
casi olvido que nací en un hospital
y no en un campo donde la hierba
crecía más alta que los hombres
mis ojos no se cansan de ver
el aleteo de la libélula
asombrados
también quieren perderse entre las hojas.

EN RESPUESTA A LA TÍPICA PREGUNTA LUEGO DE UNA PRESENTACIÓN

No soy poeta por saber escribir
ni por tener libros en casa
ni por mis ojos que devoran
cada imagen que se posa sobre ellos

no soy poeta porque tengo amigos poetas
tampoco por alguna condición que me inclinara
hacia la herrería de las palabras

soy poeta por mi madre
y si hubiera nacido en el desierto
sin lengua
sin ojos
sin manos
yo seguiría siendo poeta
porque la poesía
vino con la luz sensible de mi madre.

EL OLOR A MADERA INUNDABA UNA CASA DE LA QUE NUNCA ME SENTÍ PARTE

Un viejo barco en el patio de la casa
de mi abuela
era la advertencia de que nos tocaría remar en la tierra
en la Biblia que sostienes no te lo dice
                                                    madre
pero nunca dejamos de vagar por el desierto
sencillamente
                                                    lo poblamos.

SE SOLICITA UN HÉROE EN DOMICILIO NO IDENTIFICADO

Cuando nos mudamos a la casa
supe que existía el infierno
con el pasar de los días
entendí que no vendría ningún héroe
Superman estaba muy ocupado salvando
a Estados Unidos
y Flash no podía correr a la velocidad de la oscuridad
lo cierto es que esta casa se convirtió
en una Ciudad Gótica
sin Batman
apenas esa figura en el madero
que no hacía nada para sacudirse
los clavos.

PUEDE QUE LI BAI HAYA QUERIDO BEBERSE LA LUNA

Luego de la fiesta al hospital
la botella se volvió una herida
que trajo mareas rojas
el de alcoholemia es el examen
que siempre apruebas
otra vez limpiar el vómito
otra vez escucharte decir
que esta será la última vez.

UN RETRATO FAMILIAR NUNCA EXPUESTO

Manchas de sangre en el mosquitero
                                        en la pared
                                        en la ropa
islotes negruzcos y endurecidos en tu piel
de entre tus piernas nace una fuente salvaje
que arrastra un dolor sumergido
cuando tu voz se disipa
padre regresa con las manos húmedas
de quien machaca bayas
en esta casa vive un vampiro
que todos los días te vuelve su presa.

NO ADVERTÍ LA SERPIENTE OCULTA EN LA GRIETA HASTA QUE SE HIZO MÁS GRANDE QUE LA GRIETA MISMA

Todo lo que se abandona comienza a crecer
el dolor de la infancia
ahora es una bestia que destruye el jardín
contemplamos la casa baldía
por la que alguna vez corrimos de niños
caminamos con cautela
para evitar cualquier memoria que pudiera
di-na-mi-tar-se
una caravana de elefantes se nos precipita
sentimos el tormento y la incertidumbre
de quien se ve frente al mar bravío
y carece de salvavidas.

A MIS HERMANOS QUE NO HE TENIDO LA DICHA DE CONOCER LES DIGO

Se me han roto las uñas
cavando en el pecho de mi padre
y entre sus músculos
no encuentro el que bombea

llevo años esperando el eco
de mis ruegos
pero esa montaña
solo me devuelve la esencia glaciar
del silencio.

EN MI DICCIONARIO TU NOMBRE ES SINÓNIMO DE IMPOSIBILIDAD

Todo niño sin padre
viene marcado por la duda
y las deudas
todo niño que crece sin padre
se obliga a arrastrarlo
es una hormiga
que carga tres veces sus huesos
y en sus manos tiene un sarcófago
en el que guarda todo el amor ignorado
aprende a apartar la mirada
cuando otros niños
juegan con sus padres
evita caer en la espera de lo
que se quedó en el por/venir.

EXCAVO DETRÁS DE MIS OJOS EN BUSCA DE LA FUENTE DEL MAR

Nunca lloré a mi padre
será por eso el peso de mi cuerpo
no hubo relatos ni opiniones compartidas
ningún recuerdo que languideciera
ante el tiempo
—ese gusano que nos recorre imprimiéndonos el asco—

la isla se tragó a mi padre
también todos los sueños
la habitación es un naufragio de posibles retratos familiares
hay tantos muertos que apenas se contienen
en las cajas de mudanza
haremos labor de desarme
llenaremos con objetos
las faltas que solo cubren ciertas presencias.

LOS CASTIGOS QUE ROMPÍAN LAS TARDES

De niño me imprimían los ojales de la correa en la piel
y mi espalda se llenaba de archipiélagos enrojecidos
que se hundían bajo la sensación ártica del *Vick VapoRub*
entonces
me prohibían salir a jugar con mis amigos
(ahora hago chistes sobre arresto domiciliario)

no me era permitido
ver la televisión
ni encender la *PlayStation*
entonces era un animal cuya mirada
se consumía en la ventana
como si a través de mis ojos pudiera escaparme
hacia el paisaje que se me negaba

pero solo el primer día de trabajo
supe verdaderamente lo que era un castigo.

UN POEMA SE TEJÍA EN MEDIO DEL TRAQUETEO DE UNA MÁQUINA DE COSER

Tú que por ser madre de tantos
no entiendes de los símbolos que tiñen mi cuaderno
(el dominio del lenguaje solo es posible cuando él lo ejerce)
mientras estás absorta en el vaivén de la seda
ignoras que estoy hablando de ti
del contraste entre la suavidad de tus manos
y la dureza contenida en la aguja
de esa *Singer* que ahora nos da de comer

sin que lo sepas
con distintos métodos escribimos el mismo poema
el cordón umbilical nunca se corta del todo
lo que no entendemos también nos une.

LOS INFORMES SOBRE LA EFICIENCIA DE LA ENERGÍA ELÉCTRICA SON UNA MENTIRA

No hay luz
con el apagón
no ha sido
          lo único en irse
la oscuridad devora los objetos de la casa
(me gusta el negro porque lo iguala todo)
mi madre me dice que encienda el inversor
—una lámpara de aceite del siglo XIX—
y río
no me importa que todo se quede a oscuras
el humor de madre es mi reactor nuclear
y nada consigue apagarlo.

ES CURIOSO QUE PARA INVOCAR LA LLUVIA SE ENCENDIERA UNA HOGUERA

A oscuras tentamos los objetos
las manos poseen su propia memoria
reconocemos los muebles / las cortinas / las paredes
hasta dar con las branquias de la casa
y abrirlas
para que entren la luz y el viento
y dejemos de sentir que hablamos con espíritus

esta noche pediremos al cielo la lluvia
que el calor y los mosquitos nos dejen dormir.

LUEGO DE COMPROBAR QUE NO ERA CUESTIÓN DE AGUA PORQUE A PESAR DE QUE HA LLOVIDO MUCHO MIS MANOS SIGUEN SECAS

Nada ocurre
el silencio perfora la estancia
todo parece detenerse
el tiempo retorna a su condición de mito
enciendo el televisor
en otra latitud sigue lloviendo glicerina
madre
el mundo que me enseñaste
era un desierto camuflado
nada ocurre
excepto los gusanos retorciéndose
en la manzana que se pudre
junto a los días.

EN LA DUCHA DESCENDÍAS JUNTO AL AGUA HACIA UN ABISMO AÚN MÁS PROFUNDO

La caligrafía de los hilos
te recuerda el hueco que dejaron los cuchillos
dos soles extintos
te vuelven la siamesa de tu dolor

los dedos repasan la ausencia
mientras el agua cae
sobre los surcos desérticos.

LA ESCRITURA ERA UN IMPULSO QUE NO LO DEJABA IR MIENTRAS LA LUNA ROMPÍA EL CIELO

Hay noches tristísimas
en que los gatos no maúllan ni para pedir comida
y los recuerdos son eco del látigo
ensordeciendo la carne
hay noches en que uno quisiera morir
de hambre / de sed / por cualquier medio natural
y dejar de ser una desgracia para la familia
pero dentro hay una llama
que debe venir del cielo
pues si viniera de otro lugar
consumiría
y es ella la que obliga la continuación de este poema.

CONSTRUCCIONES EN EL FUEGO

OJALÁ ESTA FUERA UNA DE ESAS CARTAS QUE PAUL ÉLUARD LE ESCRIBÍA A GALA DALÍ

Todo bien salvo que te echo de menos. Besos.

PAUL ÉLUARD

De los agujeros que tengo en mis manos
escapan las certezas
cada vez que miro mi reflejo
envejezco
tiempo y agua corren
la misma carrera
sé que todo volverá a la tierra
si pudieras advertir con qué magnetismo me reclama
no sé si fue buena idea comenzar así la carta
donde te digo que me pesa cada vez más
la poesía
se me hace un incendio que no purifica
y aunque anoche me lloviste
no se han apagado las dudas
compartimos la rara costumbre
de seguir malas estrellas
nos atraen los caminos dislocados
será que nos hemos cansado de la luz
del fuego que solo nos quemó.

EN ALGÚN LUGAR MÁS ALLÁ DEL AZUL

La esperanza termina siendo una rama
que siempre se quiebra
su grieta ensordece
¿la oyes?
                    todo lo roto posee su música
pero en ocasiones
el oído parece cerrarse a lo agradable

Santo Domingo sigue igual
una estampida de voces que no se escuchan
                                                a sí mismas
aunque desde ese lugar con nombre de diosa
ya tú no lo recuerdes.

NUESTRAS BOCAS ERAN LLAMAS TEMBLOROSAS QUE SE ACERCABAN Y

Las hebras de tu cabello
entre mis manos
eran las cuerdas de un arpa
cuya música acariciaba tu rostro
incendiado
esa noche teñida de azul
en que nuestros labios
cerraron los ojos a la muerte
y en la embriaguez de la saliva
construimos sobre la yesca
y estuvimos tan cerca del infinito
lo apretamos tan fuerte que aun ido
quedó algo de él en nosotros.

UNA FOTOGRAFÍA BREVE EN SEPIA DE CUANDO

Arrastraba el cuerpo por callejones enrevesados
mis pies se deshicieron hasta confundirse con el polvo
en el camino
me encontré a un cervatillo
que miró fijamente mis ojos
y salió huyendo
no quebré una rama seca
tampoco deformé una botella plástica
con mi pisada
no hizo falta ningún sonido violento
sencillamente
él vio el incendio.

EPITAFIO DE UNOS OJOS QUE AL MIRARME PINTABAN MARINAS

Nos proyectamos en el espejismo del vacío
ya queda poco por romper
por dentro las estatuas yacen huecas
(el interior es lo primero que se consume)
cuerpo es imagen del alma
progresivamente cedemos a la destrucción
ya no seremos música burbujeando en la playa
ni esos que miran el cielo inundarse
de cientos de pájaros coloridos
serán otras pieles / otras horas / otros barcos
los que sobrevivan al naufragio.

UN POEMA QUE DEJÉ A ½ ESCRIBIR EN LA HABITACIÓN DE HOTEL QUE NUNCA COMPARTIMOS

Estoy luchando contra el poema de amor que se quiere escribir
te confieso que me saben a derrota
pero quiero deshacerme de los conceptos
por una vez no ser el hombre que piensa todo
DEMASIADO
y decirte que tus piernas se me hacen campos de trigo
en los que quisiera tumbarme
y después de años de insomnio
y a pesar de inclinarme por la simulación mortuoria del sueño
te veo y pienso en todo
MENOS EN DORMIR
quiero estar despierto y lúcido
y que lleves mi imagen como una prenda en tus ojos
si hoy fuera a morir
ojalá sea por una asfixia erótica que se te fue de las manos.

LAS MANERAS DEL AHORCADO

Hay una enredadera en mi garganta
disculpa si las palabras no pasan
mis dedos también están comprometidos
el frío causó estragos en los nervios
no haré más música con el xilófono de tu espalda
no quiero preguntar lo que solo conduce al silencio
no digo nada

mientras suceden
las cosas se van desvaneciendo.

PIENSO EN LA DESAPARICIÓN DEL SOL

De mis ojos oscuros brota la claridad de este día
cuya luz no me alcanza
a pesar de su velocidad
el negro llega primero
y las palabras se esconden
ermitañas
se adentran en las piedras
hasta convertirse en ellas
y me golpean
soy un hombre lapidado por imágenes violentas
y llega un día en que hasta la carne
se cansa del dolor
y este se muda
escala para instalarse en lo alto
igual que todo tirano

mi cabeza es la de un caballo asfixiado
no entiendo la barbaridad de mi tristeza
los rayos que me arden
cuando pienso que nunca vi la tela
descender de tu cuerpo
ni tu cabello ondeando en lo salino
ni tu vientre poblado de caricias

hay días en que recuerdo que te olvidaré
y el tiempo configurará en mí su orografía
y me tiemblan las manos
aunque ya no tema a la muerte
porque conozco el ocaso.

EN UNA PLAZA DOS TOROS SE OXIDAN A LA ESPERA DE TU LUMBRE

Mientras la gente se queja de las metidas de pata del gobierno
las matanzas que se cometieron hace quinientos años
las facturas de la casa
y el ruido de los vecinos que tienen una bachata
a un volumen obsceno
yo recuerdo esos besos lentos en el parque
que me hicieron babear fuego como el sol
la luna palideciendo ante el azul de tus ojos
y esas caricias cerca de los cañones
que dispararon tan lejos la desesperanza
ahora mezclada con las lágrimas que debilitan
y rompen el papel manchado por la nostalgia.

CON LA CABEZA RECOSTADA EN EL METRO

Frente a una ventanilla húmeda y grisácea
veo pasar la vida en la ciudad
estoy abrumado del trabajo
me arde la mente
encerrado en mí
soy una flor que no florece
no llega agua ni luz
y extraño mi tierra
que eres tú cuando me miras
y me dices *mi amor*
cuando te pido un beso
y me dices *dámelo tú*
afuera sucede la guerra
no hay un solo arquitecto
que haya diseñado un edificio
y ahora se mantenga en pie
pero yo tengo tu amor para sostenerme
incluso cuando toda estructura tiembla
y la esperanza parece retrasarse
voy a cerrar los ojos frente a esta ventana
la rebeldía de mi pensamiento te traerá.

UN EXTRAÑO ACUERDO DE CONVIVENCIA

Hace mucho que lo único que se me sube
al cuerpo son las arañas que tengo de inquilinas
en mi cuarto
a condición de que atrapen a los mosquitos
que tanto me fastidian por las noches
así que cuando me veas
sé tú mi araña
vamos a ocasionarles
problemas lumbares a las sábanas
de tanto hacer que se bajen.

ESA EFÍMERA ONDA DE FUEGO

Descendemos en altas horas
los pájaros se derraman sobre la cama
algo se rompe en el orgasmo
una estrella se pulveriza
y desaparece su luz
luego viene el desengaño
al descubrir cuán pronto se borra
la escritura del fuego.

EL INCENDIO SE ALZABA POR ENCIMA DE LA TORRE

Tu cuerpo es un manto
extendido sobre el mundo
en cada país al que vas dejas una estela
que no puedo seguir
labras un muro flotante que eclipsa
los ojos del tiempo
y no me dan los brazos para construirte
una Babel.

UN CAMINO QUE SE VA BORRANDO CON NOSOTROS

Tantas escaleras bajamos con pies y ojos
apuntando hacia el mismo sendero
ahora que tu brazo no se entrelaza
con el mío
no hago más que tropezar
y todas las embarcaciones que zarpan de mí
zozobran a falta de tus faros
todas las flores han salido corriendo
con sus respectivas raíces
el horizonte se asemeja a la polvareda
quedan si acaso las pisadas.

TRATADO DE LOS CUERPOS SENSIBLES

Todo lo importante corre por nuestro cuerpo
¿sentirán las estatuas?
juzgamos las cosas por su dureza
al bambú también debe dolerle
cuando se quiebra
deben tener corazón las piedras
pero solo la luz ha de tocarlo

a veces lo vivo se adormece
y se confunde con lo inerte
entonces olvidamos
que somos más que un entrelazamiento
de venas y arterias
una configuración de órganos
que siempre desemboca en el dolor.

ME HABRÍA GUSTADO DESPEDIRME CON UN AFORISMO INGENIOSO DE CORTE CIORANIANO

Tú no vas a leer este libro
no te quejarás de que a menudo me (re)presente
una negación
(me sigue causando sorpresa no haber nacido por cesárea)
no te contaré qué me llevó a escribir estos poemas
explicar los poemas debería estar penado
estoy enfermo de una imposibilidad inconfesable
cansado del discurso de Dios y las tentaciones del diablo
pensé que me salvaría
en el amor / en los libros / en los ojos tuyos / de otras
de mi madre
pensé que habría un refugio lejos
de la desolación de los días
pero todo está yermo
y el milagro debe venir por Alfa Centauri
es una pena que tú no leas este libro
tan parecido a mi epitafio.

ÍNDICE

MI CASA ERA UNA BOMBILLA
QUE LUCHABA POR NO APAGARSE

CONSTRUCCIONES EN EL FUEGO

Esta obra
se acabó de imprimir
con los auspicios de
Charo Fierro y
Antonio J. Huerga, editores

FINIS CORONAT OPUS